생각하지 않는 죄

생각하지 않는 죄

초판 1쇄 인쇄 2025년 02월 27일 초판 1쇄 발행 2025년 03월 20일

글 이모령

펴낸이 이상순 주간 서인찬 영업지원 권은희 제작이사 이상광

펴낸곳 (주)도서출판 아름다운사람들 주소 (10881) 경기도 파주시 회동길 103
대표전화 031-8074-0082 팩스 031-955-1083
이메일 books777@naver.com 홈페이지 www.book114.kr

ISBN 978-89-6513-817-4   73300

이 책의 저작권은 도서출판아름다운사람들에 있습니다.
저작권법에 의하여 보호를 받는 저작물이므로 무단전재와 복제를 금합니다.

이 도서의 국립중앙도서관 출판예정도서목록(CIP)은 서지정보유통지원시스템(http://seoji.nl.go.kr)과
국가자료종합목록구축시스템(http://kolis-net.nl.go.kr)에서 이용하실 수 있습니다. (CIP제어번호 : CIP2020046116)

사진출처:Wikipedia commons

차례

1. 나쁜 생각, 나쁜 명령 07

2. 생각하지 않는 죄 19

3. 스탠리 밀그램의 복종 실험 31

4. 나쁜 명령을 거부한 사람들 43

5. 한 사람을 위한 파시즘, 모두를 위한 민주주의 55

6. 인간에게 빼앗을 수 없는 유일한 것 65

더 알아보기 75

1
나쁜 생각, 나쁜 명령

인류 역사상 최대 규모의 전쟁인 제2차 세계대전은 독일의 히틀러에 의해 시작되었습니다. 아돌프 히틀러는 20세기 역사상 가장 악명 높은 독재자로, 나치당을 이끌며 독일을 제2차 세계대전으로 몰아넣었습니다.

히틀러는 독일 민족이 다른 민족보다 우월하다고 생각하며, 독일이 세계의 주도권을 가져야 한다고 주장했습니다. 게르만 민족을 중심으로 독일의 영광을 회복하려면 군사력 강화와 정복 전쟁이 필요하다고 선동했습니다. 전쟁을 국가 발전의 필수 과정으로 간주하고, 폭력과 정복을 정당화했습니다. 이런 생각은 결국 수천만 명의 목숨을 앗아간 제2차 세계대전과 홀로코스트로 이어졌습니다.

홀로코스트는 제2차 세계대전 동안 유대인을 비롯한 소수민족과 장애인, 소수자나 자신에게 복종하지 않는 정치적 반대자들을 체계적으로 박해하고 학살한 사건을 말합니다.

히틀러는 세계를 서로 다른 문화와 다양한 특성을 가진 자유롭고 평등한 개인들이 서로 존중하고 협력하며 살아갈 수 있는 공동체로 보지 않았습니다. 히틀러는 사람들을 우수한 인종과 열등한 인종으로 구분했습니다. 그리고 우월한 인종이 열등한 인종을 지배하는 것은 자연의 순리라고 생각했습니다. 아리안족(특히 게르만족)을 우월한 인종으로 보았으며, 유대인, 슬라브족, 로마인(집시), 흑인 등을 열등한 인종으로 간주하고, 이들에 대한 지배와 차별과 학살을 정당화했습니다.

히틀러는 제1차 세계대전의 결과로 등장했습니다. 독일은 제1차 세계대전에 참전해 패배한 뒤 1919년에 베르사유 조약을 맺었고 이 조약은 독일에게 무거운 전쟁의 책임을 물었습니다.

많은 돈을 배상해야 했

아돌프 히틀러(1889~1945)

고, 군대를 작게 유지해야 했으며, 영토도 빼앗겼습니다. 독일 사람들은 깊은 굴욕감과 분노를 느꼈고 정치적 불안과 경제적인 고통도 극심했습니다. 독일 사회의 혼란은 계속되었고 대공황(1929년에 시작된 세계적인 경제 불황으로, 역사상 가장 심각한 경제 위기 중 하나로 평가됩니다.)으로 경제가 붕괴하면서 독일 국민의 불만이 극에 달했습니다.

이때 히틀러는 독일의 사회적·경제적 문제를 유대인의 책임으로 돌리며 사람들의 분노가 유대인을 향하도록 선동했습니다. 히틀러와 히틀러가 이끄는 나치당은 대중의 불만과 공포를 이용해 유대인을 독일 사회의 적으로 선전하며 유대인을 희생양 삼아 증오와 혐오, 배제를 조장해 정권을 잡았습니다. 이를 통해 독재 권력을 확립했습니다.

개인의 자유보다 국가와 민족의 이익을 우선시했으며, 모든 권력은 하나의 지도자(총통)에게 집중되어야 한다고 믿었습니다. 정치적 반대자를 탄압하고, 언론과 문화를 통제하며, 비판을 허용하지 않는 전체주의 체제를 구축했습니다.

아돌프 히틀러가 군중 연설하는 장면

이런 히틀러의 집권하에 가장 큰 희생을 치른 것은 유대인이었습니다. 히틀러는 유대인들이 학교에 가는 것도, 공원에 가는 것도, 경제적 활동을 하는 것도 어렵게 만들었습니다. 심지어 유대인들을 별도의 지역(게토)에 가두고, 그들을 나쁜 사람이라고 거짓말을 퍼뜨렸습니다. 결국, 제2차 세계대전 중에 유대인들의 재산을 압수하고 그들을 체포해서 수용소로 끌고갔습니다. 수용소에서는 수많은 유대인이 고통을 받고 목숨을 잃었습니다.

히틀러에 의해 죽어간 유대인은 600만 명이 넘었고 가장 악명 높았던 지금의 폴란드 지역에 있는 아우슈비츠 수용소에서만 400만 명의 유대인이 희생되었습니다. 아우슈비츠에 끌려온 유대인들은 강제노동과 영양실조, 전염병으로 죽거나 샤워실이라는 가짜 팻말이 붙은 독가스실에서 죽임을 당했습니다. 이는 인류 역사상 가장 큰 비극 중 하나로 기록되었습니다.

제2차 세계대전은 히틀러의 패배로 끝났습니다. 히틀러는 자살했고 독일은 연합군에 의해 동독과 서독으로 분할 점령되었습니다.

　제2차 세계대전과 유대인 학살은 독일을 위한다는 명분으로 히틀러와 그의 수하 조직인 나치가 일으킨 끔찍한 전쟁이자 범죄였습니다. 전쟁을 일으키고 범죄를 저지른 자들은 범죄에 대해 사죄하고 그에 합당한 처벌을 받는 것이 마땅합니다.

1944년 5월 독일이 점령한 폴란드의 아우슈비츠 수용소에 도착한 유대인들. 대부분은 가스실로 보내졌다.

끔찍한 전쟁을 일으킨 독일이었지만 전쟁이 끝난 후의 독일은 이러한 책무를 모른 척하지 않았습니다. 독일은 홀로코스트와 나치의 전쟁범죄에 대한 철저한 반성과 사과를 통해 역사적 책임을 이행했습니다. 독일과 독일 국민은 자신들의 범죄를 지금까지도 반성하며 사죄하고 있습니다.

1970년 빌리 브란트라는 독일(당시 서독) 총리는 폴란드 바르샤바의 유대인 게토에 있는 기념비 앞에서 무릎을 꿇고 침묵하며 사죄의 표시를 했습니다. 빌리 브란트의 사죄는 독일이 유대인 학살을 포함한 나치 독일의 범죄에 대한 책임을 인정하고, 전후 독일의 역사적 책임을 받아들이겠다는 중요한 상징적 행위였습니다.

이 외에도 독일 헬무트 콜 총리도 1980년대와 1990년대에 여러 차례 유대인 학살에 대한 독일의 책임을 언급하며 사죄한 바 있습니다. 또한 앙겔라 메르켈 총리도 재임 중 여러 차례 유대인 학살과 관련해 사죄의 뜻을 표명하였습니다.

전쟁 범죄를 말로만 사죄하는 것이 아니라 전쟁으로 피해를 입은 국가와 개인에게 배상을 진행했으며, 특히 홀로코스트 생존자, 강제노동 피해자, 전쟁 희생자 등에게 재정적 배상을 지속적으로 시행했습니다. 또한 전쟁과 학살을 주도한 범죄자들을 찾아내 처단했으며, 오늘날까지도 잡히지 않은 범죄자들을 추적해 처벌하려는 노력을 계속하고 있습니다.

1970년, 폴란드 바르샤바 게토 유대인 희생자 추모 기념비에서 무릎을 꿇은 빌리 브란트 당시 서독 총리

다시는 이런 범죄를 되풀이하지 않기 위해 유대인 학살 추모관을 건립하는 등 자신들의 죄를 잊지 않고 후손들에게 잘못된 행동을 하면 책임을 져야 한다고 끊임없이 교육하고 있습니다.

히틀러는 인간을 자유롭고 평등한 존재가 아니라 우월하고 열등한 존재로 나누고 우월한 존재가 열등한 존재를 지배해야 한다고 생각했습니다. 또 세상을 정해진 몫을 놓고 싸우는 전쟁터로 바라보고 강한자 만이 그 몫을 차지해 살아남을 수 있다고 생각했습니다. 서로 협력해 몫을 더 키울 수 있다고 생각하지 않았습니다. 자신의 권력을 유지하기 위해 다양한 구성원들의 지혜와 참여를 통해 여러 사회적 문제를 극복하고 더 나은 비전을 모색하기보다 반대세력이나 약자들을 적으로 삼아 이들이 마치 모든 문제의 원인인 것처럼 공격하고 말살함으로써 구성원의 불만을 해소하려 했습니다.

히틀러와 같은 생각을 가진 사람은 있을 수 있습니다. 하지만 대다수 사람이 동조하지 않았다면 이런 생각은 그저 개인의 생각에 머물렀을 것입니다. 많은 사람이 히틀러의 나쁜 명령을 수행하는 것을 거부했다면 나쁜 생각이 끔찍한 비극으로 이어지지는 못했을 겁니다. 그러나 많은 독일인은 히틀러의 나쁜 생각을 추종했고 잘못된 명령을 수행했습니다.

어떤 이들은 히틀러가 자신들이 겪는 경제적 어려움을 해결할 거라 기대해 지지했으며 어떤 이들은 처벌에 대한 두려움으로 히틀러의 명령에 따랐습니다. 일부 사람들은 자신의 사회적, 경제적 이득을 위해 적극적으로 지지했습니다. 또 많은 사람은 모두가 따르니 나도 따를 수밖에 없다는 집단적 동조 심리에 굴복했습니다. 그리고 대중의 일부는 그저 무관심하거나 방관함으로써 히틀러의 만행을 묵인했습니다.

인간은 자신을 억압하는 것에 저항하고 자유를 갈구하는 존재이기도 하지만 무한한 자유와 선택 앞에서 불안을 느끼는 존재이기도 합니다. 절망스런 상황에서는 함께 극복할 길을 찾기도 하지만 누군가를 원망하며 적개심을 표출하는 존재이기도 합니다. 각자의 삶의 방식을 스스로 개척하는 독립적인 존재이기도 하지만 우월한 누군가가 내 문제를 해결해 주기를 바라는 의존적 존재이기도 합니다. 타인을 위해 헌신하고 불의에 용감하게 맞서기도 하지만 두려움과 공포, 자신의 이익을 위해 나쁜 생각과 불의에 동조하는 존재이기도 합니다.

히틀러는 인간이 가진 양가적 감정과 생각 중 대중을 더 비인간적이고 나약하고 의존적인 선택을 하도록 만들기 위해 사람들의 불안과 공포, 경제적 이익과 우월의식이라는 허상을 이용했습니다. 사람들이 비인간적이고 나쁜 명령을 수행하는 것을 정당화할 수 있도록 '독일의 영광'이라는 명분을 만들었습니다.

결국, 그들은 스스로를 전쟁의 소용돌이에 몰아넣었습니다. 그 결과는 참혹했습니다. 제2차 세계대전에서 독일인만 약 800여만 명이 사망했습니다.

2

생각하지 않는 죄

돌이킬 수 없는 비극을 만든 것은 히틀러 혼자 만은 아니었습니다. 히틀러의 잘못된 생각과 명령에 적극적으로 동참한 많은 사람이 있었습니다. 그중 한 사람이 제2차 세계대전 당시 나치 독일의 고위 관리였던 아돌프 아이히만이라는 사람이었습니다.

아이히만은 유대인 말살 계획에서 핵심 역할을 했습니다. 아이히만은 유럽 전역의 유대인을 강제 수용소와 학살 수용소로 이송하는 일을 총괄했습니다. 그는 히틀러의 명령에 따라 유대인의 재산 몰수, 강제 이송 및 학살 절차를 효율적으로 실행하기 위한 계획을 세웠습니다. 1944년, 약 43만 명의 헝가리 유대인을 학살 수용소로 강제 이송하여 도착 즉시 가스실에서 처형하기도 했습니다.

아이히만은 제2차 세계대전이 끝난 후, 미국의 포로수용소에 갇혔다가 신분을 위조하여 탈출했습니다. 이후 가명을 사용해 독일과 이탈리아를 거쳐 1950년대 초반 아르헨티나로 숨어들었습니다. 그는 연합군에 체포되지 않기 위해 아르헨티나에서 '리카르도 클레멘트'로 이름을 바꾸고 자신의 신분을 감춘 채 제2차 세계대전과 나치 시절 유대인 학살의 행적을 드러내지 않고 가족과 함께 평범한 삶을 살았습니다. 당시 아르헨티나는 많은 나치 전쟁 범죄자의 은신처로 활용되었습니다.

가짜 이름을 쓰며 도망다니던 그는 16년간의 추적, 수사 끝에 결국, 1960년 5월 11일 저녁, 자신의 집 인근에서 체포되었습니다. 체포 당시 아이히만은 외모를 바꾸고 위장해 다른 사람처럼 보였지만 그의 진술과 지문 대조를 통해 그가 바로 제2차 세계대전 중 히틀러와 함께 유대인 대학살을 주도한 아돌프 아이히만임을 최종적으로 확인했습니다. 그는 이스라엘로 압송되어 1961년 예루살렘의 법정에 섰습니다. 이 재판은 세기의 재판으로 전 세계의 관심을 받았습니다.

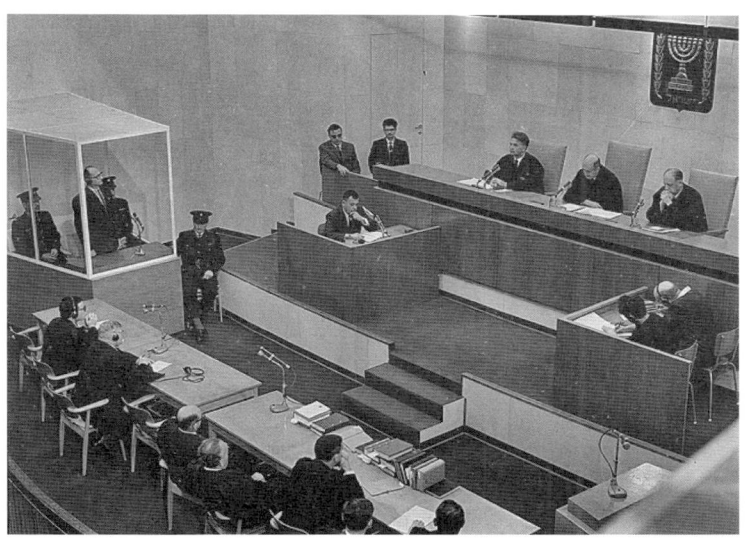

아돌프 아이히만(방탄 유리 부스 내부) 재판

사실 전쟁 범죄자 재판은 1945년부터 꾸준히 진행되었고 수많은 범죄자에 대한 사형과 처벌이 있었습니다. 그런데 유독 아이히만의 재판에 전 세계인의 관심이 집중된 이유는 무엇일까요?

첫 번째 이유는 아이히만의 뉘우침도 죄책감도 없는 태도 때문이었습니다.

1961년 이스라엘 예루살렘에서 열린 재판에서 검찰은 홀로코스트 생존자들의 증언과 문서를 통해 아이히만의 범죄를 충분히 입증했습니다. 하지만 아이히만은 재판에서 "유대인을 학살한 것은 불법적인 일이 아니라 군인이라는 공무원으로 그 시대의 법적 기준과 명령에 따라 행동했다."라고 변명하며 모든 책임을 회피했습니다. 아이히만은 자신이 유대인 대량 학살을 직접 계획하거나 실행한 것이 아니라, 상부의 명령을 충실히 수행했을 뿐이라고 주장했습니다.

"나는 시키면 시키는 대로 해야 하는 조직의 톱니바퀴의 일부였다."라며 자신의 역할을 톱니바퀴가 돌면 저절로 따라 돌아야 하는 부품의 일부로 강변했습니다. 자신은 어쩔 수 없이 명령을 수행한 '수동적인 실행자'라며 히틀러 같은 고위층에게 모든 책임을 돌렸습니다. 뿐만 아니라 아이히만은 당시 법적·제도적 절차에 따라 행동했으며, 국가의 명령을 따르는 것이 자신의 의무라는 주장도 했습니다. 전혀 죄책감을 느끼지 않고 그것이 자신의 의무였다고 주장하는 아이히만의 태도는 세상을 깜짝 놀라게 했습니다.

하지만 그의 변명과 책임 회피에도 불구하고, 법정은 아이히만이 홀로코스트의 핵심적인 역할을 했으며, 수백만 명의 유대인 강제 이송과 학살에 깊이 관여했다고 판단했습니다. 결국, 그는 1962년 사형을 선고받았습니다.

재판에서 아이히만의 뉘우침 없는 태도 만큼이나 세상을 놀라게 한 것은 수백만 명을 학살한 범죄자가 우리의 상상과 달리 너무도 평범해 보였기 때문입니다.

아이히만은 지적인 능력이 부족한 사람도 아니고, 괴물처럼 포악한 사람도 아닌 우리 주변에서 흔히 볼 수 있는, 우리와 전혀 다를 바 없는 그저 평범한 사람처럼 보였습니다. 많은 피해자의 증언과 검찰의 증거가 제시될 때도 뉘우침이나 죄책감을 드러내지 않고 침착함을 유지했습니다. 재판에 참

이스라엘 아얄론 감옥에서의 아이히만

여한 여섯 명의 정신과 의사는 아이히만을 보고 너무도 정상적이며 심지어 준법정신이 투철한 국민이었다고 말했습니다.

"저는 그저 공무원이었을 뿐입니다. 저는 유대인을 직접 죽인 적이 단 한 번도 없었습니다. 저는 유대인에 대한 증오와 악감정이 있었던 것이 아니라 단지 상부의 명령을 받고 수행했을 뿐입니다."

그는 사악한 천재나 괴물이 아니라 자신의 행동에 대해 깊이 고민하지 않은 그저 평범한 사람이었습니다.

만약 아이히만이 유대인을 죽음의 수용소로 몰아가기 전에 자신이 유대인이라면 어땠을지 한 번만 진지하게 생각해 보았다면 어땠을까요?

이게 옳은 일일까? 나쁜 명령을 따르지 않을 방법은 무엇일까? 하고 생각해 보았다면 어땠을까요?

우리는 기계의 톱니바퀴가 아니라 옳은 일을 행할 수 있는 존엄한 인간이라고 생각했다면 어땠을까요?

1944년 5월, 또는 6월에 아우슈비츠 강제 수용소에 도착한 여성과 아이들

독일의 철학자 한나 아렌트는 재판을 참관하며 대량 학살과 같은 극악한 범죄를 저지르면서도 윤리적 판단이나 비판적 사고를 하지 않은 아이히만에게 적합한 죄명을 붙였습니다. 그의 죄명은 바로 '생각하지 않는 죄'였습니다.

생각하지 않는 죄는 '옳고 그름을 스스로 판단하지 않은 죄', '옳지 않다는 것을 알고도 옳지 않다고 말하지 않은 죄', '옳지 않은 것을 알면서도 행한 죄', '자기 행동의 결과에 대한 책임을 회피하거나 합리화하는 죄'를 말합니다.

한나 아렌트는 '생각하지 않는 죄'라는 죄명을 통해 누구든 그렇게 할 수밖에 없었더라도 그것이 옳지 않음을 안다면 그 반대의 입장을 생각하고 말하고 행동해야 하는 것이 인간의 책임이라는 것을 분명하게 말하고 있습니다.

한나 아렌트는 아이히만 재판을 통해 "악의 평범성"이라는 개념을 제시했습니다. 악의 평범성은 잔혹한 범죄가 비범하거나 사악한 괴물들에 의해 저질러지는 것이 아니라, 자신의 행동이 가져올 결과를 깊이 생각하지 않는 평범한 사람들에 의해 일상적이고 비인간적인 시스템에 복종하는 방식으로 악이 실행될 수 있다는 것을 의미합니다.

'생각하지 않는 죄'는 평범한 사람들이 비판적 사고를 멈추고 잘못된 시스템에 순응할 때 발생하는 비극을 잘 설명하고 있습니다. 이는 우리 모두가 상황에 따라 악에 가담할 수 있으며 누구라도 옳고 그름을 분별하지 않고 불의에 맞서 행동할 의지가 없으면 언제든 악인이 될 수 있다는 것을 경고하고 있습니다.

'단지 명령에 따랐다.'라는 변명으로 잘못된 행동에 대한 개인의 책임을 면피하지 못합니다.

뉘른베르크 국제군사재판: 제2차 세계대전 직후 1945년부터 1946년까지 나치 독일의 전쟁 범죄와 비인도적 범죄를 처벌하기 위해 독일의 뉘른베르크에서 진행된 재판

우리는 기계의 부품이 아니라 옳고 그름을 분별할 수 있는 '인간'이기 때문에 자신의 행동에 대한 책임은 자신에게 있기 때문입니다.

3

스탠리 밀그램의 복종 실험

스탠리 밀그램 실험

스탠리 밀그램 실험은 사람들이 권위자의 명령에 얼마나 쉽게 복종하는지를 연구한 심리학 실험입니다. 이 실험은 1961년, 미국 예일대학교의 심리학자 스탠리 밀그램(Stanley Milgram)에 의해 수행되었으며, 나치 독일의 전범들이 "나는 단지 명령을 따랐을 뿐"이라고 주장했던 심리를 이해하는 데 중요한 연구로 평가받고 있습니다.

이 실험의 목표는 사람들이 윤리적으로 잘못된 행동을 해야 하는 상황에서 권위자의 명령에 어느 정도까지 복종하는지 확인하는 것이었습니다.

밀그램은 특히 제2차 세계대전 당시 나치 독일에서 유대인 학살과 같은 잔혹한 범죄에 가담한 군인들이 단순히 "명령을 따랐을 뿐"이라고 주장했던 점에 주목했습니다. 그는 일반적인 사람들이 권위자의 지시에 의해 비도덕적인 행동을 하게 될 가능성이 얼마나 있는지를 연구하고자 했습니다.

밀그램은 신문 광고를 통해 실험 참가자를 모집했습니다. 참가자들은 실험의 목적이 "기억력과 학습 능력에 관한 연구"라고 소개받았습니다. 실험 참가자들은 실험에 참여하는 대가로 4.50달러(당시 기준)를 받았습니다. 중요한 점은, 실험을 끝까지 진행하지 않더라도 보상을 받을 수 있도록 보장되었다는 것입니다. 이는 참가자들이 단순히 돈 때문에 실험을 계속한 것이 아니라, 실험자의 권위에 의한 복종 여부를 알 수 있는 요소였습니다.

참가자는 '선생' 역할을 맡았고, 실험 조력자인 배우(연기자)는 '학습자' 역할을 맡았습니다. 하지만 참가자들은 이 역할이 사전에 정해진 것이 아니라 무작위로 정해진 것처럼 속았습니다.

실험실에는 전기 충격 장치가 놓여 있었으며, 전압은 15V(약한 충격)에서 450V(치명적인 충격)까지 올라가는 구조였습니다. 참가자(선생)는 학습자(연기자)에게 문제를 제시하고, 학습자가 정답을 맞히면 넘어가지만, 오답을 낼 경우 전기 충격을 가하도록 지시받았습니다. 실제로는 전기 충격이 발생하지 않았지만, 학습자는 전기 충격을 받는 연기를 했습니다.

실험이 시작되면 학습자(연기자)는 일부러 문제를 틀리기 시작합니다. 참가자는 지시에 따라 전기 충격 버튼을 누릅니다. 전압이 높아질수록 학습자는 고통스러운 비명을 지르거나, 간청하며 실험을 멈춰달라고 애원하는 연기를 합니다. 300V가 넘어가면 학습자는 더 이상 반응하지 않으며, 기절한 것처럼 연기합니다.

이때, 많은 참가자들은 불안해하며 실험을 멈추고 싶어 했습니다. 하지만 실험 진행자는 다음과 같은 말로 참가자들을 압박했습니다.

1. "실험을 계속 진행해 주십시오."
2. "이 실험은 매우 중요합니다."
3. "계속 진행하는 것이 필수적입니다."
4. "당신에게 어떠한 책임도 없으니 계속하십시오."

결과적으로 대부분의 참가자는 도덕적 갈등을 느끼면서도 실험자의 권위에 복종하여 계속해서 전기 충격 버튼을 눌렀습니다.

밀그램은 실험을 하기 전, 심리학 전문가들에게 "대부분의 참가자가 몇 볼트까지 전기 충격을 가할 것인가?"를 물었습니다. 전문가들은 150V 정도에서 대부분의 참가자가 멈출 것이라고 예측했습니다. 450V까지 충격을 가하는 사람은 극소수(약 1%)일 것이라고 예상했습니다. 하지만 실제 실험 결과는 충격적이었습니다.

참가자의 65%(약 3명 중 2명)가 450V(최대 전압)까지 전기 충격을 가했습니다. 참가자들은 고통스러워하며 멈추고 싶어 했지만, 권위자의 지시에 따라 계속 버튼을 눌렀습니다.

스탠리 밀그램 실험은 권위에 대한 인간의 복종이 얼마나 강한지를 보여주는 중요한 심리학 연구입니다. 즉, 일반적인 사람들도 권위자의 명령을 받으면, 도덕적으로 잘못된 행동도 수행할 가능성이 높다는 것이 입증되었습니다. 명령이 점진적으로 강화될 경우, 사람들이 더 쉽게 복종한다는 점도 확인되었습니다.

이 실험은 2차 세계대전 당시 나치 독일에서 군인들이 유대인 학살을 집행하면서 "나는 단지 명령을 따랐을 뿐이다."라고 주장했던 태도와 관련이 깊습니다. 밀그램의 연구는 일반적인 사람들도 특정한 상황에서는 비도덕적인 행동을 할 수 있다는 점을 경고하는 실험이었습니다.

이 실험은 참가자들에게 심리적 고통과 죄책감을 유발했다는 이유로 비판을 받았습니다. 많은 참가자가 자신이 가혹한 행동을 했다는 사실에 충격을 받았으며, 실험 후에도 심리적 불안을 호소하는 경우가 있었습니다. 이후 심리학 연구에서는 참가자의 정신적 건강을 보호하기 위한 윤리적 기준이 강화되었으며, 오늘날에는 유사한 방식의 실험이 금지되어 있습니다.

이 실험은 우리가 권위 있는 사람(윗사람)의 명령을 받을 때, 스스로 생각하고 올바른 판단을 내리는 것이 얼마나 중요한지를 알려줍니다. 이 실험을 통해 스탠리 밀그램은 다음과 같은 결론을 내렸습니다. "아무리 올바른 사회에서 자란 사람이라도, 잘못된 명령과 제도를 따르게 되면 잔인한 행동을 할 수도 있다." 즉, 사람은 주변 환경과 사회의 영향에서 자유롭지 않으며, 만약 나쁜 권력이 잘못된 사회를 만든다면, 많은 사람이 그것을 따르게 될 수 있다는 것입니다. 나치 독일에서 유대인을 학살하는 데 가담한 사람들도 처음부터 나쁜 사람이었던 것이 아니라, 그 부당한 사회 속에서 아무런 비판 없이 명령을 따르다 보니 끔찍한 행동을 하게 된 것과 같습니다.

그러므로 우리는 항상 사회가 옳은 방향으로 가고 있는지

살펴야 하며, 부당한 명령이나 나쁜 사회 구조에 휩쓸리지 않도록 비판적 사고를 할 수 있어야 합니다. 그렇지 않으면, 우리는 그 부당한 권력과 구조의 일부가 되어 인간성을 상실하고 타인을 억압하는 야만성을 드러낼 수 있기 때문입니다.

밀그램 실험에서 명령을 거부한 사람들

모두가 부당한 명령을 끝까지 수행한 것은 아닙니다. 밀그램 실험 참가자 중 약 35%는 권위자의 지시에 저항하고 실험을 중단했습니다. 이들은 다음과 같은 이유로 실험을 거부했습니다.

일부 참가자들은 학습자의 비명을 듣고 "이건 잘못된 일이다."라고 판단하여 실험을 멈췄습니다. 그들은 "나는 더 이상 전기 충격을 줄 수 없다." "사람을 해치는 건 내 도덕적 기준에 맞지 않는다."라며 명령을 거부했습니다.

몇몇 참가자들은 실험자가 "책임은 우리가 질 테니 계속하세요."라고 말했음에도 불구하고, "책임은 결국 내가 진다."라며 실험을 중단했습니다. 이는 명령을 받더라도 자신의 행동에 대한 책임을 느낀 사람들이 거부했다는 것을 보여줍니다.

어떤 참가자들은 실험자의 태도를 의심하고, "이 실험이 윤리적으로 옳지 않다." "이 실험이 정말 필요한가?"라고 질문하며 저항했습니다. 이들은 실험이 기억력 연구가 아니라 권위에 대한 복종을 실험하는 것임을 간파하고, 실험을 그만두기로 결정했습니다.

밀그램 실험에서 65%의 참가자들은 권위자의 명령을 따랐지만, 35%의 사람들은 도덕적 기준과 책임감을 이유로 실험을 계속하지 않고 거부했습니다. 밀그램 실험은 권위에 쉽게 복종하는 인간의 모습을 보여주었지만, 동시에 모든 사람이 권위에 맹목적으로 따르는 것은 아니라는 점도 확인되었습니다.

스탠리 밀그램 실험은 권위자의 지시에 따라 도덕적 판단을 포기하는 인간의 심리를 보여주는 대표적인 실험입니다. 이 실험은 우리가 권위자의 명령을 받을 때, 옳고 그름을 분별해 내고 내 행동이 타인과 사회에 어떤 영향을 끼치는지 생각하는 것이 얼마나 중요한지를 깨닫게 해줍니다.

결국, "나는 명령을 따랐을 뿐이다."라는 말이 도덕적 책임을 회피하는 변명이 될 수 없다는 사실을 다시 한번 상기시키는 실험이었습니다.

스탠리 밀그램 변형 연구,
함께 실험에 참가한 사람이 저항할 때

혼자일 때와 함께할 때, 참가자가 부당한 명령에 저항할 확률이 어떻게 달라질까요?

밀그램은 실험의 변형 실험에서 참가자가 혼자가 아니라, 다른 참가자와 함께 실험에 참여하도록 설정했습니다. 참가자가 혼자일 때와 함께일 때 어떤 태도의 변화가 있는지 알아보기 위해서였습니다.

참가자가 혼자 있을 때는 약 65%가 끝까지 전기 충격을 가했습니다. 저항한 참가자는 35%에 불과했습니다. 하지만, 다른 참가자가 먼저 저항하는 모습을 보이면, 참가자의 복종률이 급격히 감소했습니다. 복종률이 10%~20%까지 떨어지고,

저항하는 비율이 크게 증가했습니다. 즉, 한 사람이 먼저 용기를 내면, 다른 사람도 저항할 가능성이 훨씬 커졌습니다.

두 명의 참가자가 함께 있을 때, 두 명 모두 저항하면 참가자는 거의 예외 없이 실험을 중단했습니다(저항 확률 90% 이상). 즉, 함께 저항하는 사람이 많을수록, 부당한 권위에 맞서기 쉬워진다는 것이 확인되었습니다.

한 명이 먼저 "이건 옳지 않아."라며 실험을 거부하고 나가면, 다른 참가자도 영향을 받아 저항할 가능성이 훨씬 커집니다. 혼자일 때는 권위자의 압력에 굴복하기 쉽지만, 다른 사람이 먼저 저항하면 더 쉽게 저항할 수 있습니다. 저항하는 사람이 많아질수록, 부당한 명령을 거부하는 확률이 높아집니다. 즉, 권위자 압력을 이겨내려면 혼자가 아니라, 함께 행동하는 것이 중요하다는 것을 알 수 있습니다.

반대로, 다른 참가자가 계속 복종하면, 저항이 어려워집니다. 만약 함께 실험을 하는 다른 참가자가 계속해서 명령을 따른다면, 참가자는 "다른 사람도 따르는데, 나만 이상한 건가?"라고 생각하며 저항하기 더 어려워집니다.

이처럼 우리는 주변의 환경에 영향을 많이 받는 존재입니다. 그렇기 때문에 저항하는 사람이 많아질수록, 부당한 명령을 거부하기 쉬워집니다. 혼자 있을 때보다, 함께할 때 더 용기를 낼 수 있습니다.

밀그램 변형 실험은 한 사람이 용기를 내면, 그 영향이 퍼져서 더 많은 사람이 함께 저항할 수 있다는 것을 보여줍니다. 모두가 침묵하고 있더라도 무언가 잘못되어간다고 느낄 때 먼저 목소리를 내면 그것은 결코 나만의 목소리로 그치지는 않는다는 것을 의미합니다.

또 우리는 불의에 맞설 때 혼자가 아니라, 함께할 방법을 찾는 게 중요합니다. 한 사람보다 두 사람, 두 사람보다는 세 사람, 그렇게 더 많은 사람이 함께 행동할수록 더 큰 영향력을 발휘할 수 있습니다.

4
나쁜 명령을 거부한 사람들

　제2차 세계대전 중에는 아이히만과 같은 사람만 있었던 것은 아니었습니다. 위험을 무릅쓰고 유대인들을 도운 사람들도 많이 있었습니다. 이들은 잘못된 권력과 잘못된 명령에 복종하지 않고 스스로 생각하며 옳은 선택을 했습니다. 그들은 자신의 생명을 걸고 유대인들을 숨겨 주거나 안전한 곳으로 피하게 도왔습니다.

　오스카 쉰들러는 독일의 사업가였습니다. 그는 전쟁 중에 유대인들을 자신의 공장에서 일하도록 고용했습니다. 겉으로 보기에는 나치의 규칙을 따르는 것처럼 보였지만, 사실 그는 유대인들을 강제 수용소로 보내지 않으려고 일부러 고용하고 있었습니다.

쉰들러는 유대인들이 잡혀가지 않도록 "이 사람들이 없으면 공장이 돌아가지 않는다."라고 나치에게 거짓말을 했습니다. 덕분에 약 1,200명의 유대인이 목숨을 구할 수 있었습니다.

네덜란드에 사는 유대인 안네 프랑크는 가족과 함께 전쟁 중에 숨어 지냈습니다. 그들을 숨겨준 사람 중에는 미프 히스와 다른 몇몇 사람들이 있었습니다. 미프 히스는 안네 프랑크와 가족들이 숨어 있는 동안 먹을 것과 필요한 물건들을 몰래 가져다주었습니다.

이들은 나치에게 들키면 큰 벌을 받을 수도 있었지만, 자신의 목숨을 걸고 안네 가족을 도왔습니다. 안타깝게도 안네 프랑크는 결국 나치에게 잡혔지만, 미프 히스의 도움 덕분에 안

'안네 일기'의 저자인 안네 프랑크(1929~1945)

네 프랑크의 이야기가 담긴 "안네의 일기"가 세상에 전해질 수 있었습니다.

　이탈리아의 유명한 자전거 선수 지노 바르탈리는 유대인들을 돕기 위해 특별한 일을 했습니다. 그는 자전거를 타고 다니면서, 유대인들을 위한 가짜 신분증과 서류를 전달했습니다.

나치는 그가 시합을 위해 훈련한다고 생각했지만, 사실 그는 자전거에 서류를 숨겨서 유대인들이 안전한 곳으로 도망칠 수 있게 도왔던 것입니다. 그의 용기 덕분에 800여 명의 유대인이 목숨을 구했습니다. 전쟁이 끝난 후에도 그는 자신의 공로를 자랑하지 않았습니다. 그는 "내가 한 일은 단지 옳은 일을 한 것뿐이며, 그것은 칭찬받기 위한 것이 아니다."라고 말했습니다.

이레나 센들러는 폴란드의 사회복지사였습니다. 그녀는 유대인 어린이들을 게토(유대인들을 강제로 모아놓은 곳)에서 몰래 빼내어, 안전한 가정이나 수도원에 숨겨 주었습니다. 그녀는 어린이들을 위해 가짜 신분증을 만들어 주고, 안전하게 살아갈 수 있도록 했습니다.

이레나 센들러는 무려 2,500명의 어린이를 구했습니다. 나치에게 잡혀 고문을 당하기도 했지만, 끝까지 어린이들의 이름과 정보를 숨겨서 그들이 안전하게 가족과 다시 만날 수 있도록 도왔습니다.

폴란드의 사회복지사였던 이레나 센들러(1910~2008)

 이 사람들은 모두 자신의 목숨을 걸고 어려움에 처한 사람을 돕는 용기를 보여주었습니다. 나쁜 일이 일어나는 시대였지만, 그들은 옳은 일을 위해 생각하고 행동했습니다. 또 알려지지 않았지만 무수한 아름다운 선택들이 있었을 겁니다.

인간은 참혹하고 잔인한 폭력을 저지를 수도 있는 존재이지만 이처럼 폭력과 공포에 맞서 타인을 위해 용기 있는 선택을 할 수 있는 아름다운 존재이기도 합니다.

또 독일 안팎에서 다른 방식으로 히틀러와 나치에 저항한 사람들이 있었습니다. 그들은 위험을 무릅쓰고 인권, 정의, 평화를 위해 싸웠으며, 각자의 신념과 상황에 따라 저항의 방식은 달랐습니다.

레드 오케스트라는 나치에 맞선 첩보 및 저항 단체로, 주요 구성원은 독일인 공무원, 장교, 예술가들이었습니다. 이들은 나치 정권의 군사 정보를 연합군에 전달하고 나치 선전 활동을 무력화하는 방식으로 나치의 활동을 방해했습니다. 하르로 슐체-보이젠과 아르비드 하르낙이 대표적 멤버입니다. 대부분의 조직원은 나치에 의해 체포되어 목숨을 잃었습니다.

백장미단은 1942~1943년 뮌헨 대학생들과 교수들이 주축이 된 저항 그룹입니다. 이들은 나치의 독재와 반인간적인 행위를 비판하는 전단지를 배포하며 독일 시민들에게 양심과 책임감을 호소했습니다. 특히 숄 남매(한스 숄, 소피 숄)는 히틀러 정권의 잔악성을 고발하는 문구가 담긴 전단을 대학 캠퍼스에서 배포하다가 체포되어 목숨을 잃었습니다.

소피 숄은 죽기 전에 이런 말을 남겼습니다.

뮌헨대학에 있는 백장미단 기념조형물

"언젠가는 우리의 행동이 의미를 갖게 될 것입니다."

클라우스 폰 슈타우펜베르크 대령은 나치 독일군의 장교였지만, 히틀러의 전쟁과 학살에 반대했습니다. 그는 '독일의 미래를 위해 히틀러를 제거해야 한다.'라고 생각했습니다. 1944년 7월 20일, 히틀러를 암살하려는 '발키리 작전'을 계획했습니다. 그는 히틀러의 회의실에 폭탄이 든 가방을 두었지만, 운이 나쁘게도 가방이 옮겨져 히틀러는 가벼운 부상만 입었습니다. 암살 시도가 실패하자, 슈타우펜베르크와 공모자들은 체포되어 처형당했습니다.

디오트리히 본회퍼는 독일의 개신교 신학자로, '악을 방치하는 것도 악에 동조하는 것이다.'라고 생각했습니다. 그는 고백 교회를 통해 나치의 반유대주의와 폭력에 반대했으며, 히틀러 암살 음모에도 가담했습니다. 본회퍼는 체포된 후 플로센뷔르크 강제수용소에서 전쟁이 끝나기 불과 몇 주 전에 처형당했습니다.

마르틴 니묄러 목사는 초기에는 나치를 지지했지만, 나치가 독일 교회를 통제하고 반유대주의 정책을 강화하자, 이에 강력히 반대하며 신념을 바꾸게 되었습니다. 나치 정권이 교회를 국가의 통제하에 두려 하자, 니묄러는 이에 반대했습니다. 그는 '고백 교회'를 설립해 국가 권력이 교회의 독립성을 침해하는 것에 저항했습니다. 이 운동은 나치의 전체주의에 맞선 중요한 기독교 저항 운동이었습니다. 니묄러는 나치 독재에 반대하는 설교를 지속했습니다. 특히 반유대인 정책과 인권 탄압을 비판했습니다. 국가 반역 혐의로 체포된 그는 다하우 수용소에서 종전까지 수감되었습니다. 뉘밀러 목사가 남긴 유명한 시는 지금도 전 세계의 많은 사람에게 불의에 맞서야 하는 이유를 잘 설명하고 있습니다.

루터교 목사이자 신학자였던
마르틴 니묄러(1892~1984)

"처음 그들이 사회주의자를 잡아갔을 때, 나는 침묵했다. 나는 사회주의자가 아니었으니까.

그다음 그들이 노동조합원을 잡아갔을 때, 나는 침묵했다. 나는 노동조합원이 아니었으니까.

그다음 그들이 유대인을 잡아갔을 때, 나는 침묵했다. 나는 유대인이 아니었으니까.

그리고 그들이 나를 잡으러 왔을 때는, 나를 위해 말해 줄 사람이 아무도 남아 있지 않았다."

이 글은 불의와 폭력에 무관심할 때 우리가 마침내 겪게 될 결과가 무엇인지 잘 보여주고 있습니다.

불의에 맞서 양심적 저항을 실천한 인물들은 역사에 기억되었습니다. 그들의 말과 행동은 두려움 속에서도 인간의 존엄성과 사회적 책임을 지키려는 숭고한 선택이었습니다. 우리에게는 잘못된 명령에 불복종할 권리가 있으며 불의에 맞서 행동해야 할 사회적 책임이 있다는 것을 잘 보여주었습니다. 오늘 우리가 누리는 자유는 그들의 노력과 희생 위에 세워졌습니다. 또 세상의 희망과 용기는 그런 용감한 역사적 인물에 의해 이어지고 피어났습니다.

5

한 사람을 위한 파시즘, 모두를 위한 민주주의

생각은 우리의 행동을 만들어 냅니다. 아돌프 히틀러의 생각과 행동은 파시즘과 깊게 연결되어 있습니다. 지금의 세계에도 파시즘에 기반한 국가와 권력자들이 있습니다.

파시즘은 권력을 장악한 독재자나 소수의 집단이 모든 걸 결정하고 나머지는 그 명령에 따라야 하는 통치 형태로, 개인의 자유나 권리를 억압하고 국가나 권력자의 목표를 절대적으로 중요하게 여기는 사상입니다.

즉 파시즘은 힘센 한 사람이 모든 걸 결정하는 세상입니다. 다른 의견은 무시하고 권력자의 의견에 반대하면 무섭게 탄압합니다.

파시즘은 국가와 지도자의 권력을 강화하기 위해 개인의 자유를 억압하는 정치 체제입니다. 이 체제에서는 국가와 민족의 목표를 가장 중요한 가치로 내세우며, 개인은 이를 위해 희생해야 한다고 주장합니다. 또한, 특정 민족이나 집단이 우월하다고 믿으며, 다른 국가나 소수자를 적대하고 배척하는 태도를 보입니다.

파시즘은 사회의 모든 영역을 국가가 완전히 통제하는 전체주의적인 특징을 가지고 있습니다. 정치, 경제, 문화, 교육 등 개인의 삶과 관련된 거의 모든 부분을 국가가 결정하며, 국민들은 국가의 지시에 따를 것을 강요받습니다. 이와 함께 군사력을 강화하고, 침략 전쟁을 정당화하며, 무력을 통해 영토를 확장하려는 군국주의적 성향도 강하게 나타납니다.

독일 군인들이 히틀러에 충성을 맹세하는 모습

　권력은 소수의 엘리트나 독재자가 독점하며, 언론을 통제하고 반대 의견을 억압합니다. 표현의 자유, 언론의 자유, 집회의 자유와 같은 기본적인 권리도 제한되며, 국민이 지도자나 정부의 결정을 비판할 수 있는 기회는 사라집니다. 법과 제도가 권력을 견제하는 역할을 하지 못하고, 지도자의 말과 결정이 절대적인 것이 되어버립니다.

파시즘은 국민들의 두려움과 분노를 조작하여 내부나 외부에 적을 만들어냅니다. 이를 통해 국민들이 지도자에게 더욱 의존하도록 만들고, 그에 대한 충성을 강요합니다. 겉으로는 국가와 국민을 위하는 것처럼 보이지만, 실제로는 소수의 권력자가 자신의 힘을 유지하고 마음대로 휘두르기 위한 수단에 불과합니다.

결국, 파시즘은 개인의 자유를 빼앗고 국가 권력을 극단적으로 강화하는 체제로, 민주주의와는 반대되는 성격을 가집니다.

파시즘은 과거의 특정 국가와 민족에게만 국한된 현상이 아닙니다. 지금도 완전히 극복된 것이 아닙니다. 우리 사회에도 개인의 생각과 행동에 여전히 극복하지 못한 파시즘의 잔재가 남아 있습니다.

권력자에게 맹목적으로 충성하고 비판을 허용하지 않는 분위기, 소수자와 약자에 대한 배제와 차별, 특정 집단(특정 민족, 이민자, 성별, 지역)을 비난하고 혐오하거나 배제하는 행동, 자신과 다른 의견을 용납하지 않고 이견을 제시하는 사람을 배척하거나 공격, 억압하는 행위, 언론과 여론을 조작하거나 거짓 정보를 퍼뜨려 시민의 판단을 흐리게 하는 행동, 자신보다 약한 사람을 통제하려는 경향, 정치적 입장이 다른 상대편을 적으로 규정하고 상대의 의견을 일체 수용하지 않으려는 행위 등은 우리 주변에서 여전히 목격되는 파시즘에 뿌리를 둔 생각과 태도들입니다.

히틀러와 홀로코스트의 역사는 이런 파시즘적 행태들을 용납하면 결국, 그것이 우리에게 고스란히 되돌아와 돌이킬 수 없는 폭력과 전쟁 같은 끔찍한 비극을 초래할 수밖에 없다는 것을 경고하고 있습니다.

현대사회에서 벌어지고 있는 폭력과 차별, 혐오와 배제, 끔찍한 전쟁 등은 모두 이 파시즘의 다른 얼굴임을 잊어서는 안 됩니다.

민주주의는 소수의 권력자가 아니라 시민이 주인이 되어

나라의 중요한 일을 함께 결정하는 정치 체제입니다. 민주주의에서는 모든 사람이 평등하게 존중받고, 자유롭게 자신의 생각을 표현할 수 있습니다.

즉 민주주의는 지위와 신분에 상관없이 중요한 일들을 모두가 참여해 함께 결정하는 방식입니다. 다른 사람의 의견을 존중하고 다양한 의견 중에서 다수의 결정에 따르지만 반대

민주주의는 투표를 통해 대표를 뽑거나, 법과 정책에 대해 의견을 낼 수 있습니다.

의견이나 소수의 의견도 존중합니다. 민주주의는 다양한 의견, 신념, 가치관을 인정하고 존중하는 다원주의를 기반으로 합니다.

민주주의의 가장 중요한 특징은 자유, 평등, 참여, 법의 지배입니다.

첫째, 모든 사람은 자유롭게 자신의 의견을 표현할 수 있고, 언론과 집회의 자유를 보장받습니다. 누구든지 정부를 비판할 수 있으며, 다양한 생각과 가치를 존중하는 사회를 지향합니다.

둘째, 모든 국민은 법 앞에서 평등하며, 인종, 성별, 경제적 배경과 관계없이 같은 권리를 가집니다. 민주주의에서는 소수자도 차별받지 않도록 보호하며, 누구나 공정한 기회를 가져야 합니다.

셋째, 국민은 선거를 통해 지도자를 직접 뽑고 정치에 참여할 수 있습니다. 정부의 결정은 국민의 뜻을 반영해야 하며, 잘못된 정책이 있을 때 이를 바꿀 수 있는 권리를 가집니다.

넷째, 민주주의는 법이 가장 높은 권위를 가지며, 누구도 법을 마음대로 바꿀 수 없습니다. 지도자라 해도 법을 지켜야 하며, 권력이 남용되지 않도록 여러 기관이 서로를 견제합니다.

이러한 민주주의의 목적은 모든 사람이 자유롭고 평등한 사회를 만들고, 국민의 권리를 보호하며, 공정한 법과 제도를 통해 안전한 사회를 유지하는 것입니다. 권력이 한 사람이나 소수의 그룹에게 집중되지 않도록 서로 견제하며, 지도자가 국민의 뜻을 따르도록 만듭니다.

결국, 민주주의의 목적은 모든 사람이 차별받지 않고 공정한 기회를 가지며, 서로 존중하며 자유롭고 안전하게 살아갈 수 있는 사회를 만드는 것입니다.

대한민국은 민주주의 국가입니다. 그러나 민주주의는 단번에 완성되는 것이 아니라 시민들의 참여와 견제로 조금씩 발전해 나갑니다. 우리가 비판적 사고를 하지 않고 권력에 맹목적으로 복종하면 언제든 민주주의는 허물어질 수 있습니다. 민주주의를 지키기 위해서는 정보와 권력에 대한 비판적 태도를 유지하고, 선동과 거짓 정보에 흔들리지 않는 시민 의식이 중요합니다. 다양한 생각과 문화를 존중하며, 소수자와 약자를 보호하는 포용적 자세가 필요합니다. 무엇보다 중요한 것은 정치적, 사회적, 경제적 의사 결정 과정에 능동적으로 참여하는 태도입니다. 우리 공동체의 문제에 관심을 가지고 투표, 집회, 캠페인, 토론 등 다양한 방식으로 자신의 의사를 표현할 때 우리 사회는 더 투명하게 발전할 수 있으며 민주주의는 더 굳건하게 성숙해 갈 수 있습니다.

인간은 누구나 양면성을 가지고 있습니다. 선과 악, 이기심과 이타심, 진실과 거짓, 두려움과 용기를 함께 가지고 있습니다. 우리가 파시즘에 맞서 민주주의 사회를 만들어 낸 것은 우리 인간은 옳고 그름을 판단할 수 있는 '생각', 옳다고 생각하는 것을 실천할 '의지', 나와 다른 생각, 태도, 문화 등을 포용하고 협력하는 '관용', 억압과 불평등에 맞서는 '용기'를 선택할 수 있는 존재이기 때문입니다. 나와 타인 그리고 세상을 위해서 우리는 더 나은 선택을 할 수 있는 존재이기 때문입니다.

6

인간에게
빼앗을 수 없는 유일한 것

    심리학자이자 정신과 의사인 빅터 프랭클은 유대인으로 나치의 강제 수용소(아우슈비츠, 다하우 등)에서 가족을 잃고 극한의 고통을 경험했습니다. 그는 《죽음의 수용소에서》라는 책에서 수용소의 비인간적이고 절망적인 상황에서도 스스로 생각하고 올바른 선택을 한 사람들을 통찰하며 인간에 대한 의미 있는 메시지를 전했습니다.

    "인간에게서 모든 것을 빼앗을 수 있어도, 마지막 남은 자유인 '자신의 태도를 선택하는 자유'는 빼앗을 수 없다."

《죽음의 수용소에서》 저자, 빅터 프랭클(1905~1997)

프랭클은 비극적 상황 속에서도 '인간은 자유롭게 사고하고, 자신의 태도를 선택할 수 있는 존재'라고 강조합니다.

수용소는 수감자들의 선택권을 뺏고 단순히 명령에 따르게 했습니다. 하지만 이러한 극한의 상황에서도 스스로 생각하며 올바른 태도를 선택한 사람들이 있었습니다.

극도의 기아 상태에서도 일부 수감자들은 자신의 빵과 수프를 더 배고프거나 약한 사람들에게 나누는 선택을 했습니다.

극한의 추위 속에서도 자신의 담요나 옷 일부를 떼어 약한 동료에게 나눠주는 사람들이 있었습니다. 의료 물품은 거의 없었지만, 간혹 구할 수 있는 약품이나 붕대를 더 필요한 사람들에게 양보한 수감자들도 있었습니다.

어떤 수감자들은 자신이 가진 유일한 소지품을 누군가에게 선물하거나, 작업 도중 짧은 대화를 통해 동료와 교감하려 했습니다. 그들은 아무리 작은 순간이라도 인간성을 잃지 않으려 했습니다.

수용소에서는 더 나은 대우나 생존을 보장받기 위해 다른 수감자들을 감시하거나 폭력적으로 대하도록 강요받았습니다. 그러나 일부 수감자들은 수용소에서 강요한 비인간적인 행동(예: 다른 수감자들을 괴롭히거나 폭력을 행사하는 행위)을 거부했습니다.

일부 사람들은 수용소 내 '카포'로 임명되었습니다. 카포는 수감자 중에서 선발되어 동료들을 감시하고 감독하는 역할을 맡은 사람들입니다. 많은 카포가 권력을 남용해 동료를 학대하거나 착취했습니다. 그러나 어떤 수감자는 관리자로 임명되었지만, 동료 수감자들에게 권력을 남용하거나 폭력을 행사하지 않고 공정하게 대하려 노력했습니다.

또 타인의 생존을 위해 자신의 기회를 포기하거나 희생한 사례도 있었습니다. 일부 수감자들은 동료의 생존 가능성을 높이기 위해 자신의 노동 할당량을 더 많이 떠안거나 위험한 작업을 자청했으며 자신의 자리(병상, 배급)를 다른 사람에게 양보했습니다.

일부 수감자들은 강제노동 중 짧은 순간에도 유머를 나누

폴란드 아우슈비츠 수용소 입구

며 다른 이들의 사기를 높이려 했습니다. 고통 속에서도 동료들에게 따뜻한 말과 희망을 북돋우는 이야기를 통해 동료를 위로하고 생존 의지를 북돋운 사람들이 있었습니다.

 이들은 모두 절망과 공포 속에서도 스스로 사고하며, 인간다움을 유지하는 선택을 함으로써 육체적 한계를 초월하여 인간으로서의 존엄을 지켜냈습니다. 어떤 순간에도 인간의 존엄을 지키려 한 그들의 의지는 생존의 동력이 되어 그렇지 않은 사람들보다 생존 가능성이 더 컸다고 프랭클은 말합니다.

《죽음의 수용소에서》는 인간이 극한의 상황에서도 윤리적,

도덕적으로 옳은 선택을 할 수 있는 존재임을 보여줍니다. 음식이나 자원을 나누고, 비인간적 행동을 거부하며, 희망과 위로를 나눈 이들의 사례는 인간의 존엄성과 선택의 자유를 실천하는 것이 무엇인지 그것이 인간에게 어떤 의미인지 잘 보여줍니다.

비판적 사고와 성찰, 그리고 올바른 태도를 선택하려는 노

력을 통해 인간은 존엄과 자유를 유지할 수 있는 존재입니다.

　스스로 생각하지 않고 주어진 환경과 명령에 굴복하는 '생각하지 않는 죄'는 단순한 도덕적 나태를 넘어, 자신과 타인에 대한 존중, 믿음, 공감, 연대감을 잃게 합니다. 이는 삶의 의욕을 무너뜨리고 타인과의 관계를 단절시키며 사회적 고립을 초래합니다. 이것은, 결국 혐오와 폭력 같은 극단적인 행위로 이어질 수 있습니다.

　자신을 형편없다고 느끼는 존엄의 상실, 자신의 힘으로 아무것도 할 수 없다고 느끼는 자유의 상실은 인간을 무너뜨리는 가장 근본적인 상실입니다. '생각하지 않는 죄'는 바로 인간의 존엄과 자유를 무너뜨리는 시작이자 끝이기도 합니다.

　두려움과 공포, 역경은 피할 수 없지만 그것에 맞서는 자신의 태도와 반응을 선택할 자유가 인간에게는 있습니다. 그리고 자신이 선택한 옳고 용기 있는 태도가 우리 삶을 의미 있게 만든다고 프랭클은 말합니다.

　잘못된 권력과 나쁜 명령에 굴복하지 않고 스스로 판단하고 용기 있게 행동한 그들은, 우리에게는 생각보다 훨씬 더 큰 힘이 있다는 것을 잘 보여주었습니다. 유대인이든 아니든 그 누구라도 모두가 같은 사람으로 존중받아야 한다는 믿음을 잘 보여주었습니다. 뭔가 잘못된 것 같아 목소리를 내면 그 외침을 듣고 누군가는 도우러 온다는 것을 잘 보여주었습니다.

용기란 두려움이 없는 상태가 아니라, 두려움을 느끼면서도 앞으로 나아가는 선택입니다. 우리는 불완전하지만, 우리는 두렵지만, 정의롭지 못한 상황을 보고 침묵하지 않고, 옳은 것을 위해 나서는 태도와 용기를 선택할 수 있는 존재입니다. 그것이 인간이 존엄한 이유이고, 그것이 인간의 존엄과 자유를 지키는 모두를 위한 길이기 때문입니다.

더 알아보기

더 알아보기

인간 존엄

　인간 존엄은 모든 인간은 고유한 가치와 존중 받아야 할 권리를 가지고 있다는 것을 의미합니다. 인간은 자율적이고 이성적인 존재로 어떤 상황에서도 수단이 아니라 목적 그 차제로 존중받아야 함을 의미합니다.

　즉, 인간 존엄은 모든 사람이 태어날 때부터 소중하고 특별한 존재라는 것을 의미합니다. 이건 우리가 잘하고 못하고를 떠나서, 단지 사람이기 때문에 가지는 가치입니다. 아이나 어른, 나이나 외모, 능력과 상관없이 모두 존중받아야 한다는 것을 말합니다.

현대 민주주의 국가의 헌법과 국제 인권 선언은 인간 존엄을 기본 원리로 삼습니다.

1948년 UN에서 채택한 세계인권선언 제1조에서는 "모든 인간은 태어날 때부터 자유롭고 존엄과 권리에 있어 평등하다."라고 명시합니다.
대한민국 헌법 제10조는 "모든 국민은 인간으로서의 존엄과 가치를 가지며, 행복을 추구할 권리를 가진다."라고 규정하고 있습니다.

이는 인간 존엄이 법적 권리의 기초로 작용함을 의미하며, 차별, 억압, 학대에 반대하는 근거가 됩니다.

인간 존엄은 인권, 평등, 정의, 자유와 같은 개념의 토대가 되며, 각 개인의 삶의 가치를 인정하고 보호하는 방향으로 정책과 제도가 발전하는 데 기여합니다.
기술 발전과 글로벌화 속에서도 인간 존엄은 사회적 약자, 소수자, 미래 세대의 권리를 존중하고 보호하는 기준으로 작용합니다.

인간 존엄은 인간이 가진 고유한 가치와 권리를 의미하며, 이는 인간이라면 누구나 평등하게 존중받을 권리가 있다는 것을 의미합니다. 인간 존엄은 삶의 기본적인 원칙으로 자리 잡고 있으며, 현대 사회의 다양한 문제와 정책 결정에서 중요한 역할을 합니다.

제1차 세계대전. 제2차 세계대전

제1차 세계대전과 제2차 세계대전은 20세기 초반과 중반에 전 세계를 뒤흔든 두 번의 대규모 전쟁입니다. 두 전쟁의 연결 고리 중 하나가 바로 아돌프 히틀러입니다. 히틀러는 제1차 세계대전의 결과로 등장해 제2차 세계대전을 일으켰고, 유대인을 비롯한 여러 소수민족과 정치적 반대자들을 대상으로 한 대규모 학살(홀로코스트)을 주도했습니다.

제1차 세계대전 (1914년~1918년)

100년 전, 유럽 대륙에는 힘이 센 나라들이 서로 더 많은 땅과 힘을 가지려고 긴장 상태였습니다. 특히 영국, 프랑스, 독일, 러시아 등이 서로 힘겨루기를 했습니다. 서로의 힘을 견제하려고 나라끼리 약속(동맹)을 맺었습니다. 한쪽은 독일, 오스트리아-헝가리, 오스만 제국 등(동맹국)이고 다른 쪽은 영국, 프랑스, 이탈리아(중간에 동맹국에서 연합국으로) 러시아, 미국 등(연합국)입니다. 그러다 작은 갈등이 생겼는데 이 동맹이 전쟁을 크게 키웠습니다.

오스트리아-헝가리 제국의 왕자(프란츠 페르디난트 대공)가 독립을 원하던 세르비아 사람에게 사라예보에서 암살당하는 사건이 일어났습니다(사라예보 사건). 이 작은 불꽃이 큰 전쟁의 시작이 되었습니다. 서로 동맹 관계 때문에 유럽의 열강들이 연쇄적으로 참전하면서 제1차 세계대전(1914~1918)으로 번졌습니다. 독일, 이탈리아가 오스트리아-헝가리제국을 지지하며 참전했고 이들에 맞서 영국, 프랑스, 러시아, 미국 같은 나라들이 참전해 서로 싸웠습니다. 이 전쟁으로 약 1,600만 명이 목숨을 잃었습니다.

결국, 독일과 그 동맹국들이 패했습니다. 전쟁이 끝난 후, 승전국(특히 영국, 프랑스, 미국)은 패전국에게 무거운 책임을 물었습니다. 오스트리아-헝가리 제국은 해체되어(1919년 생제르맹 조약) 여러 소국이 독립했습니다. 오스만 제국도 해체되었으며(1920년 세브르 조약) 중동 지역이 프랑스와 영국에 위임 통치되었습니다. 헝가리의 영토도 축소되었습니다.(1920년 트리아농 조약)

독일은 1919년에 베르사유 조약이 맺어져 큰 배상금을 지불하고 일부 영토를 넘기고 군대를 축소해야 하는 등 전쟁의 책임을 지게 되었습니다. 이 일로 독일은 큰 경제적 어려움을 겪게 되었습니다. 이는 나중에 제2차 세계대전의 원인이 되었습니다.

제2차 세계대전 (1939년~1945년)

제1차 세계대전의 패배로 인해 독일 사회의 혼란은 계속되었고 대공황(1929년)으로 경제가 붕괴하면서 독일 국민의 불만이 극에 달했습니다.

이때 히틀러는 베르사유 조약을 무시하고 다시 강한 독일을 만들겠다고 외쳤습니다. 독일의 사회적 경제적 문제를 유대인의 책임으로 돌리며 사람들의 분노가 유대인을 향하도록 선동했습니다. 그가 이끄는 나치당의 선전과 폭력적인 수단을 통해 그는 결국 독일의 총통이 됩니다.

히틀러는 주변 나라들을 침략하며 전쟁을 시작했습니다. 1939년, 독일이 폴란드를 공격하자, 영국과 프랑스가 독일에 전쟁을 선포했습니다. 이렇게 해서 제2차 세계대전이 시작되었습니다.

독일은 점점 더 많은 나라를 차지했고 이탈리아와 일본도 독일과 함께 전쟁에 참여했습니다. 전쟁은 유럽뿐만 아니라 전 세계로 퍼져 나갔고, 결국 미국과 소련도 전쟁에 참가하게 되었습니다.

한쪽은 독일, 이탈리아, 일본(주축국), 다른 한쪽은 영국, 소련, 미국, 프랑스 등(연합국)으로 나뉘어 서로 싸웠습니다.

유럽 대부분의 나라가 전쟁터가 되었고 독일은 유럽 대부분을 장악한 후 1941년 소련까지 침공했습니다. 아시아에서는 일본이 중국과 한국, 동남아시아를 침략했습니다. 1941년에는 일본의 진주만 공격으로 미국까지 참전하게 만들며 전쟁은 더욱 확산되었습니다.

히틀러는 유대인을 포함한 많은 사람을 가두고 학살했습니다(홀로코스트). 이때 약 600만 명의 유대인이 희생되었습니다.

결국, 1945년 5월, 연합국이 독일을 점령했고, 1945년 8월 미국이 일본의 히로시마와 나가사키에 원자폭탄을 떨어뜨린 후 일본이 항복하며 전쟁이 끝나게 되었습니다.

히틀러는 패배 직전 자살하였고, 독일은 연합군에 의해 동독과 서독으로 분할 점령되었습니다. 제2차 세계대전은 약 7천만 명의 인명 손실을 초래했습니다.

제1차 세계대전은 유럽 중심의 싸움이었지만, 제2차 세계대전은 전 세계가 참여했습니다. 제1차 세계대전은 주로 땅에서 싸운 전쟁이고, 제2차 세계대전은 공중전, 해전까지 확장됐습니다.

전쟁이 끝난 후, 많은 나라가 더 이상 싸우지 말자고 약속하며 유엔(UN) 같은 국제 평화 기구를 만들었습니다. 유엔은 국가 간의 협력을 촉진하고, 평화를 유지하며, 인권을 보호하는 역할을 맡고 있습니다. 또 유럽 강대국의 식민지였던 아프리카와 아시아의 많은 나라가 독립했습니다.

또한 잔인한 전쟁을 일으킨 자들의 전쟁 범죄를 처벌하기 위해 뉘른베르크 국제군사재판과 같은 전범 재판이 열렸습니다. 이런 재판은 전쟁 중 벌어진 잔혹 행위(특히 홀로코스트)를 심판했습니다.

뉘른베르크 국제군사재판

뉘른베르크 국제군사재판(Nuremberg International Military Tribunal)은 제2차 세계대전 이후 1945년 11월 20일부터 1946년 10월 1일까지 독일 뉘른베르크에서 열린 재판으로, 나치 독일의 주요 지도자들을 전쟁범죄, 인류에 대한 범죄, 침략 전쟁의 계획과 실행 등에 대한 책임을 물어 심판한 재판입니다. 이는 국제법 역사상 중요한 전환점으로 평가됩니다.

1945년 8월 8일, 연합국(미국, 영국, 소련, 프랑스)은 런던 협정에 서명하여 국제군사재판소(IMT)를 설립했습니다. 뉘른베르크는 나치 독일의 선전 활동 중심지였고, 전쟁 중에도 법원 건물이 남아 있었기 때문에 재판 장소로 선정되었습니다.

재판에서 다룬 범죄는 아래 네 가지였습니다.
1. **평화에 반한 죄(Crimes Against Peace):**
   침략 전쟁의 기획, 준비, 시작 및 수행.
2. **전쟁 범죄(War Crimes):**
   제네바 협약 위반, 전쟁 중 민간인과 전쟁 포로에 대한 학대.

3. 반인도적인 범죄(Crimes Against Humanity):

대량 학살, 강제 이주, 고문 등.

4. 공동 음모(Conspiracy):

위 범죄를 공모하거나 협력한 행위.

아돌프 히틀러, 하인리히 힘러, 요제프 괴벨스는 재판 전 자살하였고 헤르만 괴링, 루돌프 헤스, 요아힘 폰 리벤트로프 등 나치 고위 관료와 군 지도자들 24명의 주요 범죄자 중 12명이 사형 판결을 받았고, 무죄로 풀려난 3명을 제외한 나머지는 종신형, 징역형을 판결받았습니다. 사형 판결을 받은 사람 중 대부분은 교수형에 처해졌습니다.

뉘른베르크 재판은 국제형사법의 기반을 마련하였으며, 국제형사재판소(ICC) 설립의 토대가 되었습니다. 누구든 전쟁 범죄와 반인도적 죄에 대한 책임을 질 수 있다는 원칙을 확립하며 전쟁 범죄 처벌의 선례를 세운 중요한 역사적 사건으로 평가받고 있습니다.

전체주의

전체주의는 국가가 사회의 모든 부분을 완전히 통제하는 정치 체제입니다. 정부가 정치, 경제, 문화, 교육 등 국민의 삶 전반을 강하게 지배하며, 개인의 자유와 권리는 거의 인정되지 않습니다. 국민들은 국가의 명령에 따라야 하며, 정부를 비판하거나 반대하는 것은 허용되지 않습니다.

전체주의에서는 한 명의 독재자나 하나의 정당이 절대적인 권력을 가지며, 언론과 표현의 자유가 제한됩니다. 또한, 국민들이 정부의 정책을 의심하지 않고 따르도록 하기 위해 선전과 검열이 강하게 이루어집니다.

이러한 체제는 국가의 통합과 강한 질서를 강조하지만, 개인의 자유를 억압하고 국민들에게 많은 희생을 요구하기 때문에 민주주의와는 반대되는 특징을 가집니다.

권위주의와 권위

권위주의와 권위는 비슷해 보이지만, 의미가 다릅니다.

권위는 경험, 지식, 능력 등을 바탕으로 다른 사람들에게 인정받고 존경을 받는 힘을 의미합니다. 예를 들어, 부모나 교사, 전문가들은 그들의 경험과 지식을 통해 자연스럽게 권위를 가질 수 있습니다. 이때 권위는 강요하는 것이 아니라, 사람들이 신뢰하고 따르는 과정에서 형성됩니다.

반면, 권위주의는 한 사람이나 소수의 그룹이 강한 힘을 가지고 모든 결정을 내리며, 국민이나 구성원들에게 무조건적인 복종을 요구하는 정치 체제입니다. 권위주의에서는 국민의 자유가 제한되며, 정부를 비판하거나 반대하는 것이 어렵습니다. 권위가 자연스럽게 형성되는 것과 달리, 권위주의는 힘과 억압을 통해 사람들을 따르게 만듭니다.

즉, 권위는 신뢰와 존경을 바탕으로 하지만, 권위주의는 강압과 통제를 통해 유지된다는 차이가 있습니다.

다원주의

다원주의는 다양한 가치관, 의견, 문화, 종교 등이 공존하며 서로를 인정하고 존중하는 사회적 원칙을 의미합니다. 즉, 한 가지 생각이나 이념만이 옳다고 주장하는 것이 아니라, 사람마다 다른 입장과 생각을 가질 수 있으며, 그것이 자연스럽고 바람직하다는 것을 강조합니다.

다원주의 사회에서는 다양한 집단과 개인이 자유롭게 의견을 표현하고, 서로 협력하면서 조화를 이루는 것이 중요합니다. 정치적으로는 여러 정당이 공존하고 자유로운 토론이 가능해야 하며, 종교적으로는 서로 다른 신앙을 가진 사람들이 평등하게 대우받아야 합니다. 또한, 문화와 생활 방식에서도 차이를 인정하며 소수자의 권리도 보호받아야 하며, 특정한 생각만 강요해서는 안 됩니다.

결국, 다원주의는 서로 다른 생각과 가치를 인정하고 공존하는 것이 더 나은 사회를 만드는 길이라는 개념입니다. 다원주의의 목적은 모두가 다름을 인정하고 서로 존중하며 평화롭게 공존하는 사회를 만드는 것입니다.

파시스트

파시스트는 파시즘을 지지하거나 따르는 사람을 말합니다. 파시즘은 강한 국가 권력을 중심으로 국민을 통제하고, 개인의 자유보다 국가와 지도자의 명령을 더 중요하게 여기는 정치 체제입니다.

파시스트들은 한 국가나 특정 민족이 다른 나라 민족보다 우월하다고 믿으며, 이를 위해 군사력을 키우고 전쟁을 정당화하는 경향이 있습니다. 또한, 정부가 모든 사회를 강하게 통제해야 한다고 생각하며, 반대하는 사람들을 억압하고 언론과 표현의 자유를 제한하려 합니다.

파시스트들은 질서와 강한 지도력을 강조하지만, 사실상 독재를 정당화하고 개인의 자유를 억압하는 경우가 많습니다. 역사적으로 이탈리아의 무솔리니와 독일의 히틀러 같은 독재자들이 파시스트였으며, 이들의 정책은 전쟁과 억압을 가져왔습니다.

사회주의자

사회주의자란 '사회주의'를 믿고 따르거나 주장하는 사람을 말합니다. 사회주의는 자본주의의 문제를 해결하고, 빈부 격차를 줄이기 위해 등장한 사상입니다. 이 사상은 사유재산을 제한하거나 없애고, 경제 자원을 사회 전체가 공동으로 소유하는 것을 목표로 합니다. 오늘날 대부분의 경제 시스템은 자본주의인데, 자본주의에서는 개인이 회사를 만들고, 돈을 벌며, 자신의 재산을 소유할 수 있습니다. 하지만 사회주의에서는 이러한 사유 재산(개인이 소유하는 재산) 개념을 없애거나 줄이고, 공장, 농장, 회사 같은 생산 수단을 '사회 전체'가 함께 소유하고 운영해야 한다고 주장합니다. 이렇게 하면 극단적인 부자와 가난한 사람이 생기는 문제(자본주의의 모순)를 해결할 수 있다고 생각합니다. '사회주의'라는 말을 처음 사용한 사람은 로버트 오언(Robert Owen, 1771~1858)이라는 영국 사람입니다. 오언은 공장에서 일하는 노동자들이 너무 힘든 환경에서 일하고, 돈을 적게 받는 것을 보고, 모두가 함께 일하고, 함께 나누는 사회를 만들자고 주장했습니다. 이런 자신의 사상을 '사회주의'라고 표현했습니다.

민주주의자

민주주의자는 민주주의를 지지하고 실현하려는 사람입니다. 민주주의는 국민이 스스로 나라를 다스리는 정치 체제로, 모든 사람이 평등한 권리를 가지며, 자유롭게 자신의 의견을 표현할 수 있는 사회를 중요하게 생각합니다.

민주주의자는 선거를 통해 지도자를 뽑고, 법과 제도를 통해 국민의 자유와 권리를 보호해야 한다고 믿습니다. 또한, 표현의 자유, 언론의 자유, 집회의 자유 같은 기본적인 권리가 보장되어야 하며, 정부가 너무 강한 힘을 가지지 않도록 서로 견제하는 장치가 필요하다고 생각합니다.

민주주의자는 독재나 권위주의처럼 소수의 사람이 모든 권력을 독점하는 것을 반대하고, 모든 국민이 정치에 참여할 수 있어야 한다고 주장합니다. 즉, 국민의 의견이 존중되고, 누구나 차별 없이 공정한 기회를 가질 수 있는 사회를 만들기 위해 노력하는 사람입니다.

지은이 이모령

아이들이 예리한 눈과 따뜻한 마음을 함께 기를 수 있는 책들을 기획하고 만드는 어린이책 기획자로 오랫동안 일해 왔어요. 가끔은 어린이 인문학책과 동화를 쓰기도 해요. 《생각하지 않는 죄》는 아이들이 무언가 옳지 않은 상황에 놓였을 때 이것을 알아차리고 스스로 판단하고 올바른 행동을 할 수 있도록 생각의 중심을 잡아가길 바라며 쓴 책입니다.

지은 책으로는 《그 무엇보다 소중한 나》, 《공부가 되는 세계사》 등이 있습니다.